Blütenträume

Blütenträume

VON
JANIE FELDMAN GROSS

arsEdition

Übersetzung: Elke Hesse
Redaktion: Isabelle Fuchs
Nach den Regeln der neuen Rechtschreibung

Die Originalausgabe »The Afterlife of Flowers« erschien 1999 bei Running Press Publishers, Philadelphia, London

Printed in China

ISBN 3-7607-1815-9

Für meine Mutter,

die mir meine

erste Blume gezeigt hat

Danksagung

Meinem lieben Freund Charles Santore bin ich ewig dankbar, dass er mir vorgeschlagen hat, ein Buch über meine gepressten Blumen zu machen - und Olenka Santore danke ich für ihr Vertrauen und ihre Weisheit.

Mein tiefer Dank gilt allen, die mir geholfen haben, besonders aber meiner begabten Lektorin Caroline Tiger für ihre Begleitung und Unterstützung.

Den Leuten im Verlag danke ich, die an mein Buch geglaubt haben und mir geholfen haben, es zu verwirklichen.

Beverly Schaeffer von Schaeffer Flowers sage ich Dank, dass ich Blumen aus ihrem wunderbaren Garten pressen durfte.

Louis Greene für seine großzügige technische Assistenz.

Meinen Töchtern Toby und Julie, die mich ständig inspirieren und erstaunen.

Meinem Mann Peter, der zusammen mit mir an diesem Buch gearbeitet hat und der mich stets bestärkt mit seinem Mut, seiner Geduld und seiner Freundlichkeit.

In liebevoller Erinnerung
an meinen Vater,
der den Sinn für das Schöne in mir erweckte.

Inhalt

EINLEITUNG

Bücher und Artikel über gepresste Blumen gibt es viele. Viele beschäftigen sich mit den Techniken und liefern Ideen, wie sich das gepresste Material kreativ gestalten lässt. Oft werden gepresste Blüten für Collagen verwendet oder es werden aus verschiedenen Blumen fantasievolle Arrangements gestaltet.

Mir aber scheint jede gepresste Blume so einzigartig in ihrer Schönheit, dass sie es verdient, für sich allein in Vergrößerung betrachtet zu werden, nachdem sie gepresst und getrocknet wurde. Mit diesen Bildern möchte ich die Einzigartigkeit jeder getrockneten Blüte ins Bewusstsein rufen.

Ich presse die Blumen unmittelbar nachdem ich sie gepflückt habe. Der ganze Vorgang des Pflückens, Pressens und Wiederentdeckens hat sich bei mir zu einer Leidenschaft entwickelt.

Nachdem die Blume im Garten abgeschnitten und in die Presse gelegt wird, vollzieht sich das Wunder. Beim Öffnen der Presse nach der entsprechenden Trocknungszeit bekomme ich jedes Mal Herzklopfen. Wo einmal mehrdimensionale, komplexe Strukturen waren, hat sich das Blumennaturell zu einer zarten Form gewandelt. Die Zerbrechlichkeit dieser durchsichtigen Konturen kann nur mit Schmetterlingsflügeln verglichen werden. Ein falscher Atemzug genügt - und mehrere Blütenblätter fliegen davon.

Anders als viele Blütensammler, die nach dem möglichst perfekten Erhalt von Farbe und Form streben, lasse ich mich gerade von deren Schwinden und den zutage tretenden Unvollkommenheiten bezaubern. Das gleiche Faible besitze ich für die Patina antiker Möbel und die Struktur und Feinheit schöner Stoffe und handgeschöpfter Papiere.

Die vergrößerten Bilder dieses Buches geben einen Blick auf Blüten frei, die gewöhnlich zu klein sind, um genauer betrachtet zu werden. Jede Blume ist mit einem Kommentar aus meinem Gartenjournal versehen, meist in dem ersten Moment der Entdeckung geschrieben, nachdem ich die Presse geöffnet habe. Überraschenderweise verwandelt sich jede Blüte in eine magische grafische Impression. Um diesen geheimnisvollen Nimbus zu schützen, wird nicht jedes Mal der Name der Blume genannt. Die botanische Bestimmung findet sich am Ende des Buches.

Auf diese Weise habe ich einen Weg gefunden, meinen Garten auch im Winter besuchen zu können. Wenn ich aus meinem Atelierfenster im Januar nur auf die leeren Beete schauen kann, brauche ich nur meine Schublade zu öffnen, die voll von gepressten Blumen des letzten Frühlings, Sommers und Herbstes ist, und kann dabei fast den warmen Sonnenschein im Nacken verspüren.

J.F.G.

Der
Stiel ähnelt den
schwingenden Armen
eines Rollschuhläufers.
Er verleiht der Blume
Lebendigkeit - wie Arme,
die sich zu einer Umarmung öffnen.
Wörtlich und im übertragenen
Sinn gibt der Stiel
der Blume Leben.

Wenn das
lebhafte Gelb verblasst,
werden Muster und Struktur
besser sichtbar.
Dieses
Leuchtfeuer
des
Frühlings
wird
zu
einer
feierlichen
Version
seines
früheren
Selbst.

Manche Stauden sind so üppig mit Blüten bedeckt, dass man die dramatische Einfachheit jeder einzelnen Blüte erst entdeckt, wenn man sie presst. Diese hier wirkt wie eine Sonnenexplosion über zartem Gras.

Obwohl
das
erhöhte
Staubblatt
dieser
Blume
bemerkenswert
ist,
musste
ich
es
beim
Pressen
entfernen.
Die
Trocknungszeit
war
entsprechend
dem
Feuchtigkeitsgehalt
extrem
lang.
Das
Resultat
spricht
für
sich.

Eine Blume,
die mit Stiel
gepresst wird,
wirkt, als ob sie
noch wachsen würde.

Mit den jungen
Knospen erhält
die Blume einen
Hauch von
Unsterblichkeit.

Ursprünglich tassenförmig, wirkt die
Blüte nach der Pressung völlig anders.
Ich hätte niemals gemerkt, dass jedes
Blütenblatt ein perfektes kleines Herz ist.
Das Gelb ist noch so leuchtend wie an
dem Tag, wo sie gepflückt wurde.

Diese durchsichtigen Blüten gefallen mir besonders wegen ihrer Sprenkel.

Gewöhnlich dem Blick verborgen,
lassen die Unterseiten der Blumen, wenn sie gepresst werden, ihre eigene schöne Symmetrie erkennen.

Obwohl
diese
hauch-
dünne
Knospe
alles
von ihrer
ursprünglichen
Farbe
verloren hat,
offenbart sie
eine starke
persönliche
Note
und eine
faszinierende
Eigentümlichkeit.

Hier
hält sich
die Farbe
über den
Tod hinaus
fest -
als hätte
man die
Spitzen
sorgsam
in das
Blau getunkt.
Die Farbe
blutet nach,
so wie Tinte
auf Reispapier.

Es wird immer
behauptet, dass
Blumen, die
viel Feuchtigkeit
enthalten, nicht
mit Erfolg
gepresst oder
getrocknet wer-
den können.
Hier ist der
Beweis, dass
manche
Schönheit
unentdeckt
bleiben würde,
wenn nicht
die Neugier
Experimente
zulassen würde.

Es gibt keine
Grenzen, wenn
sich die Natur
mit Kreativität
verbindet.

Eines meiner
Lieblings-
objekte
wegen
der Farbe,
so rein,
wie sie nur
die Natur
erschaffen
kann.
Nach der
Trocknung
bekam die
Blüte dieses
tiefdunkle Violett.

Sobald das Wetter
wärmer wird,
verschwinden diese
winzigen Vorboten
des Frühlings.

Die Natur bevorzugt niemanden. Sie verschönt die Straßenränder mit Gräsern in verschwenderischer Pracht für alle. Um meinen eigenen Vorrat zu sichern, streue ich im Herbst Samen aus, die im darauf folgenden Sommer geerntet werden.

Ideal, um einem frischen Blumenarrangement Struktur zu verleihen oder um zu einem blassen Bernstein getrocknet zu werden.

Die Vergrößerung der gepressten Blumen ist etwas ganz anderes als die Vergrößerung unterm Mikroskop, denn man sieht die ganze Blüte auf einmal anstatt einzelner Abschnitte. Auf diese Weise wird die erstaunliche Vielfalt an Farben, Formen und Strukturen sichtbar.

Ich

staune

immer

über

die

vollkommene

Schlichtheit

und

Zartheit.

Die
einzelnen
Blätter
sind genau
so großartig
wie das
Ganze.

Presst man
die Blätter
einzeln,
bekommt man
Einblick
in die
Bauart
der Blume.

Tulpen
im
Garten
deuten
auf
einen
zuversichtlichen
Gärtner
hin.

Ich ertrage die
Taubheit meiner
Finger in herbstlicher
Erde, weil das geheim-
nisvolle Versprechen
des Frühlings
mein Herz
wärmt.

Und noch einmal

zeigt sich hier,

wie durch den

Prozess des Pressens

und Präparierens

die Unterseite zum

Vorschein kommt,

die sonst

übersehen würde.

Diese Blüte hat alles:

Struktur, Zartheit,

herrliche Farben und eine

wunderbare Langlebigkeit.

Die außergewöhnlichen

Samenhülsen bergen

den winzigen Samen,

der sich

rasch vermehrt.

Wegen der Dicke

im Inneren dieser Blume

glaubte ich nicht, dass ich sie pressen könnte,

doch da mein Mann Peter sie für mich und meine

Sammlung gekauft hatte, musste ich

es versuchen. Und wieder einmal

hat die Liebe gesiegt!

Manche Dinge bleiben

besser unerklärt.

Bestimmte Bilder erwecken bestimmte Gefühle -
dies hier macht mich sprachlos.

»Ist das eine Blume?«, werden Sie fragen.

Ist es möglich,
dass die zellartigen
Flecken auf die
heilende Wirkung
hinweisen?
Hypothesen nähren die Fantasie.

Das
venenartige
Muster ist
für mich
ein Zeugnis
unserer
Verbundenheit
mit der
Natur, denn
es ähnelt
unserem
Kreislauf-
system.

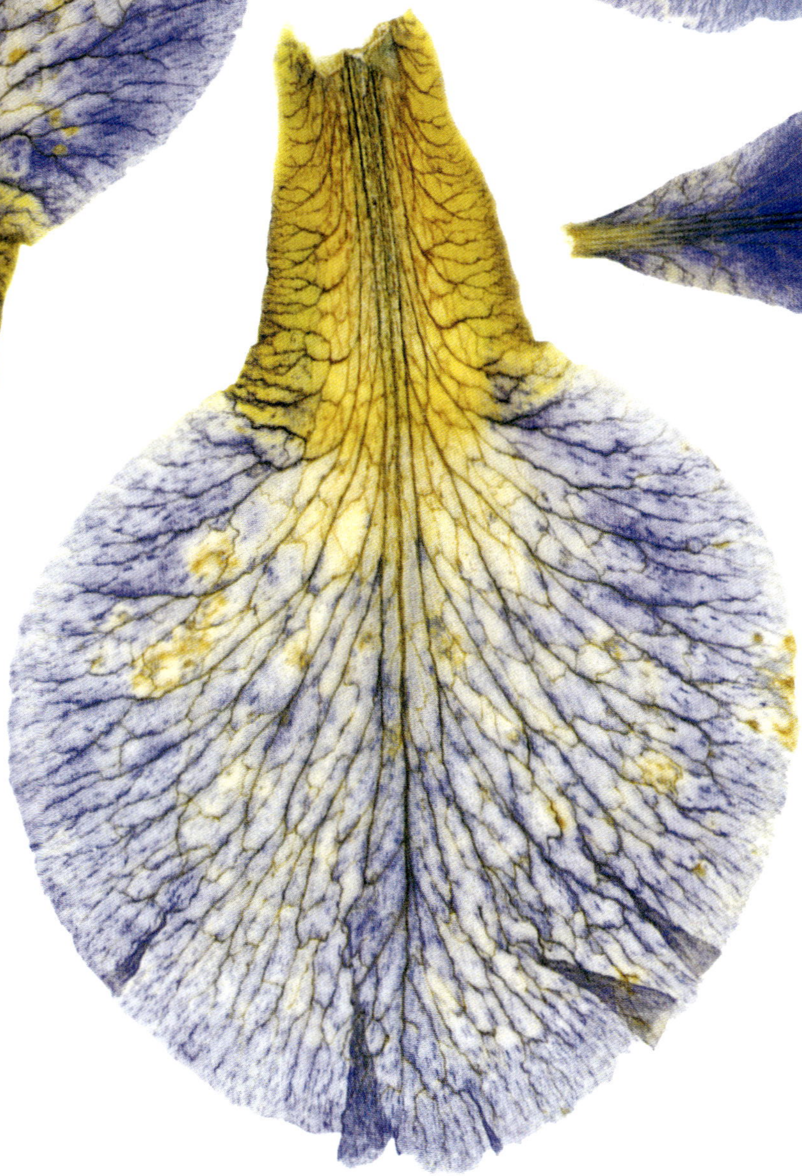

Als Grafikdesignerin
stelle ich gern verwandte Objekte …

… nebeneinander.

Ist dies das
Spiegelbild
meines
glücklichen
Gesichts,
wenn ich den
ersten
Frühlingsboten
betrachte?
Oder wissen
sie einfach,
dass wir
Aufmunterung
brauchen
nach der
Düsternis des
Winters?

Jetzt,
wo es
auch eine
Winter-
varietät
dieser
beliebten
Einjährigen
gibt,
stellt sich
die Frage,
welche
uns im
Frühling
zuerst
entgegen-
lächelt.

Erstaunlich, welch seltene Schönheit diese vertrauten Antlitze ausstrahlen. Die anspruchslosen Schätze unserer Erde sollten nicht für selbstverständlich gehalten werden.

Variationen
eines
Themas.

Wieder und wieder bringt mich die

Kunst des Pressens dazu, jede Blume

zu analysieren und zu zerlegen,

so wie diese Einzelblüte,

die ein kleiner

Bestandteil

einer sehr

beliebten

Sommer-

blume

ist.

Das Betrachten des ganzen Stiels
samt seiner Blüten liefert wertvolle Hinweise zur botanischen Bestimmung.

Künstlerische Freiheit erlaubt es mir, ein normalerweise gekrümmtes Exemplar gerade zu ziehen. Es ist sehr inspirierend, eine Blume aus verschiedenen Perspektiven zu beobachten.

Wenn dies ein abstraktes Bild wäre,
würde man sagen, dass die kleinen gelben Halbmonde deshalb auf den rosafarbenen
Hintergrund platziert wurden, um Bewegung zu erzeugen. Ist das die Kunst der Natur oder die Natur der Kunst?

Die

Sezierung

ermöglicht

sowohl

Künstlern

als

auch

Wissen-

schaftlern

ein

tieferes

Verständnis.

Ich betrachte gern verwandte Objekte,

die aus dem Zusammenhang gerissen wurden.

Gesten sind alles -
beim Tanzen
und
beim Blumenarrangement.

Vorher Teil

einer dichten

Blütentraube,

zeigt sich

dieses winzige

Meisterstück

jetzt stolz

allein.

Bekleidet
mit einem
witzigen Hut
und einem
passenden
Mantel,

darauf
wartend,
die
Extravaganz
zu
enthüllen ...

...entblättert sich die Schönheit.

Wir

können

nicht

immer

die

Schönheit

vorher-

sehen…

…die innen verborgen ist.

Es
macht
Freude
einzelne
Blüten,
die vorher
in einem
Blütenhaufen
verborgen waren …

…in Bewegung zu setzen.

Die Betrachtung eines einzelnen vergrößerten Blütenblatts
steigert die Wahrnehmung von Blumen für immer.

Es

ist

eine

Schande,

wenn

die

Schönheit,

die

uns

umgibt,

unbemerkt

bleibt.

Es fällt schwer zu glauben, wie viele Versionen
fünfzackiger Sterne
es gibt.

*Es ist
ungeheuer
aufregend,
tropische
Blumen
in einen
europäischen
Garten zu
bringen.*

Gelegentlich müssen die Augen auf einem weißen Feld ausruhen, um das Bewusstsein zu ermöglichen …

... für Form und Struktur.

Manchmal rufen wir aus:

»Das kann nicht

wirklich sein!«

Stellen wir uns dann auch

die Frage, was wirklich ist?

Beim

Betrachten

dieser beiden

Blumen

werden

einem

die Grenzen

der eigenen

Kreativität

verdeutlicht.

Von vielen
Gärtnern verschmäht,
sind diese
Blumen stets
willkommene
Gäste in
meinem Garten.

Diese winterharte Staude blühte
dem neuen Jahrtausend fünf Monate lang in voller Sonne entgegen -
der Traum eines jeden Gärtners!

Eine

wunderbare

Ergänzung

zum

Staudenbeet,

die

lineare

Bewegung,

kräftige

Farben

und

zusätzlich

einen

zauberhaften

Duft

mitbringt.

Ein Stoppschild für Bienen -

man stelle
sich eine
Stadt vor
mit einem
Schild an
jeder Ecke.

Dies könnte als Inspiration dienen für einen Modeschöpfer, der Abendroben kreiert.

Bilder von Schmetterlingen,
Tusche und
japanischen
Feder-
zeich-
nungen
hervor-
rufend,

beweisen
diese
hauchdünnen
Blütenblätter,
dass sie zwar
Farbe, aber nichts
an Wesensart
verloren haben.

Ich bin

immer

wieder

von den

sensatio-

nellen

Formen

fasziniert.

Ich

erkenne die

dynamische

Energie

spitzer

Blätter

und das

chaotische

Innere im

Gegensatz

zu …

… der Gelassenheit runder Blätter und der perfekten Symmetrie.

Vielleicht stehen Blumen stellvertretend für größere Elemente unseres Universums. Mit ein bisschen Fantasie könnte dies ein indianisches Symbol für die Sonne sein.

Man muss sich nur noch Wind und Hochzeitsglocken dazudenken.

Die kleinste gelbe Blume kann den trübsten Tag erhellen.

Eine Blüte, auf der sich Käfer gerne paaren. Kein Wunder, sie verheißt einen Hauch von Kitzel.

Der Duft verschwindet mit dem früheren Leben, aber irgendwie bleibt die Erinnerung an das berauschende Aroma erhalten.

Erneut
fällt
es
schwer
zu
glauben,
dass
etwas
so
Gewöhnliches
so
majestätisch
werden
kann,
wenn
man
es
nur
richtig
wahrnimmt.

Die gepressten und getrockneten
Blütenblätter werden durchsichtig und wirken wie vielschichtiges Seidenpapier.

Es gibt nur wenige orangerote Blumen, deshalb war es spannend herauszufinden, dass diese hier nach dem Pressen und Trocknen ihre Farbe wunderbar behält.

*Es ist, als ob das Blut
noch immer in den
Adern fließt.
Und sie unterscheidet
sich völlig von ihrem
lebenden Gegenstück,
das man an seiner
Trichterform
erkennt.
Ich hätte nicht
gedacht, dass ich
sie erfolgreich
pressen könnte,
weil sie sehr
dünn und klebrig war.
Die Faltungen und
Überlappungen
erzeugen eine
ätherische
Beschaffenheit
gleich feiner Seide.*

Kleine Hubschrauber fertig zum Start!

Immer wieder tritt Symmetrie zutage.

Der

intensiven

Farben

beraubt,

lässt

sich

jetzt

die

elegante

Struktur

bewundern.

Es ist faszinierend,
die Ähnlichkeiten und
Unterschiede innerhalb
einer Familie zu studieren.

Ein Zweig wird für den Blumenpresser zu einem Baum.

Man muss
diese Blume
berühren, um
es zu glauben!

*Dieses
Babyblau ist so
selten, dass jede Begegnung damit
so aufregend ist wie beim ersten Mal.*

Nur für den Fall, dass der Mond am Nachthimmel nicht erstaunlich genug wäre, präsentiert uns die Natur eine Sternkonstellation auf der Erde, die wir berühren und über die wir nachdenken können.

Es ist immer eine
Herausforderung,
mit absolut flachen
Motiven eine Art
von Bewegung
zu erzeugen.

Die Natur

erfindet

immer neu …

… das Windrad.

Botanische Bestimmung

Umschlagbild
Cosmos
(Schmuckkörbchen)
Durchmesser: 5 cm

Seite 10
Johnson's Blue Geranium
(Storchschnabel)
Durchmesser: 4–5 cm

Seite 11
Narcissus jonquilla
(Duft-Narzisse)
Durchmesser: 5 cm

Seite 12
Coreopsis Moonbeam
(Mädchenauge)
Durchmesser: 2,5 cm

Seite 13
Passiflora
(Passionsblume)
Durchmesser: 5 cm

Seite 14
Ausdauerndes Geranium
(Ausdauernder Storchschnabel)
Durchmesser: 1–2,5 cm

Seite 15
Helianthemum-Hybride
(Sonnenröschen)
Durchmesser: 4 cm

Seiten 16 und 17
Cosmos
(Schmuckkörbchen)
Durchmesser: 5 cm

Seiten 18 und 19
Platycodon grandiflorus
(Ballonblume)
Durchmesser: 5–7,5 cm

Seite 20
Impatiens
(Fleißiges Lieschen)
Durchmesser: 2,5–5 cm

Seite 21
Vinca minor
(Kleines Immergrün)
Durchmesser: 1–2,5 cm

Seite 22
Queen Anne's Lace
(engl. Züchtung, kein dt. Name)
Durchmesser: 5–6 cm

Seite 23
Cornus
(Blühender Hartriegel)
Durchmesser: 5 cm

Seite 24
Tulipa
(Tulpe)
Durchmesser: 5–6 cm

Seite 25
Tulpenblätter
Blattdurchmesser: 5 cm

Seite 26
(Tulipae)
Tulpen
Durchmesser: 4 cm

Maße entsprechen dem »echten« Durchmesser der abgebildeten Blume.

Botanische Bestimmung

Seite 27
Tulipa
(Tulpe)
Durchmesser: 7,5 cm

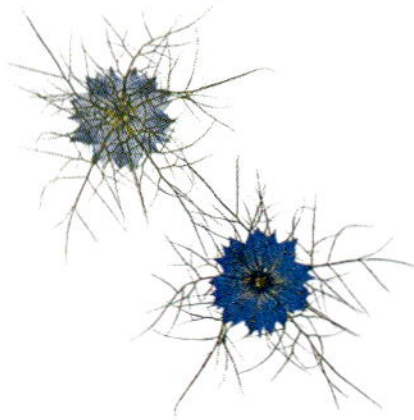

Seite 28
Nigella
(Hahnenfuß, Jungfer im Grünen)
Durchmesser: 4 cm

Seite 29
Nigella
(Hahnenfuß, Jungfer im Grünen)
Durchmesser: 4 cm

Seite 30
Gerbera
(Gerbera)
Durchmesser: 6 cm

Seite 31
Narcissus
(Narzisse, Osterglocke)
Durchmesser: 5 cm

Seite 32
Digitalis
(Fingerhut)
Durchmesser: 4 cm

Seite 33
Irisblüten
Blütendurchmesser: 2,5–4 cm

Seiten 34 und 35
Alstroemeria
(Alstroemeria)
Durchmesser: 5 cm

Seiten 36 und 37
Viola und Wittrockiana-Hybriden
(Gartenstiefmütterchen)
Durchmesser: 4 cm

Seite 38
Viola tricolor
(Feldstiefmütterchen)
Durchmesser: 2,5 cm

Seite 39
Viola
(Veilchen)
Durchmesser: 4 cm

Seite 40
Einjähriges Geranium (Einzelblüte)
(Einjähriger Storchschnabel)
Durchmesser: 2,5 cm

Seite 41
Delphinium
(Rittersporn)
Durchmesser: 2,5 cm

Seite 42
Primula
(Schlüsselblume)
Durchmesser: 3 cm

Seite 43
Oenothera missouriensis
(Nachtkerze)
Durchmesser: 5 cm

Seite 44
Hosta
(Funkie, Herzlilie)
Durchmesser: 2,5 cm

Seite 45
Hosta
(Funkie, Herzlilie)
Durchmesser: 2,5 cm

Seite 46
Delphinium
(Rittersporn)
Durchmesser: 2,5 cm

Seite 47
Delphinium (einzelne Blüte)
(Rittersporn)
Durchmesser: 2,5 cm

Seite 48
Hibiscus
(Hibiskus)
Durchmesser: 7,5 cm

Seite 49
Hibiscus
(Hibiskus)
Durchmesser: 7,5 cm

Seite 50
Clematis
(Klematis, Waldrebe)
Knospenlänge: 4 cm

Seite 51
Clematis
(Klematis, Waldrebe)
Durchmesser: 6,5 cm

Seiten 52 und 53
Hydrangea (einzelne Blüte)
(Hortensie)
Blütendurchmesser: 2,5 cm

Seite 54
Klematisblatt
Blattdurchmesser: 5 cm

Seite 55
Klematisblatt
Blattdurchmesser: 5 cm

Seite 56
Malva
(Malve)
Durchmesser: 6,5 cm

Seite 57
Mandevilla
(Mandeville, Chilenischer Jasmin)
Durchmesser: 6,5–7,5 cm

Seiten 58 und 59
Helichrysum bracteatum
(Garten-Strohblume)
Durchmesser: 2,5 cm

Seite 60
Gazania
(Mittagsgold)
Durchmesser: 4 cm

Seite 61
Chrysanthemum
(Margerite)
Durchmesser: 5 cm

Maße entsprechen dem »echten« Durchmesser der abgebildeten Blume.

Botanische Bestimmung

Seite 62
Tagetes
(Studentenblume)
Durchmesser: 2,5 cm

Seite 63 und Umschlagrückseite
Cupid's Dart
(engl. Züchtung, kein dt. Name)
Durchmesser: 2,5 cm

Seite 64
Salvia
(Salbei)
Blütenstiellänge: 10–12,5 cm

Seite 65
Gazania
(Mittagsgold)
Durchmesser: 4 cm

Seite 66
Painted Tongue
(engl. Züchtung, kein dt. Name)
Durchmesser: 4 cm

Seite 67
Mohnblütenblätter
Blattdurchmesser: 7,5 cm

Seite 68
Aster
(Aster)
Durchmesser: 5 cm

Seite 69
Pincushion Flower
(engl. Züchtung, kein dt. Name)
Durchmesser: 4 cm

Seite 70
Blanket Flower
(engl. Züchtung, kein dt. Name)
Durchmesser: 4 cm

Seite 71
Blütenblätter von Zinnie, Blanket flower und Orange Coneflower
Blattdurchmesser: 2,5–4 cm

Seite 72
Loosestrife
(engl. Züchtung, kein dt. Name)
Durchmesser: 1,25 cm

Seite 73
Zinnia
(Zinnie)
Durchmesser: 4 cm

Seite 74
Rosa
(Rose)

Seite 75
Trifolium
(Kleeblume)
Durchmesser: 1–2,5 cm

Seite 76
Phlox
(Phlox)
Durchmesser: 4 cm

Seite 77
Cosmos
(Schmuckkörbchen)
Durchmesser: 4 cm

Seite 78
Petunia
(Petunie, Trichterblume)
Durchmesser: 5–7,5 cm

Seite 79
Delphinium
(Rittersporn)
Durchmesser: 1 cm

Seite 80
Clematis
(Klematis, Waldrebe)
Durchmesser: 6 cm

Seite 81
Fuchsia
(Fuchsie)
Durchmesser: 2,5 cm

Seite 82
Cosmos
(Schmuckkörbchen)
Durchmesser: 6 cm

Seite 83
Heuchera sanguinea
Coral Bells
Durchmesser: 1 cm

Seite 84
Celosia argentea
(Hahnenkamm)
Durchmesser: 4 cm

Seite 85
Delphinium (einzelne Blüte)
Blütendurchmesser: 2,5 cm

Seite 86
Oenothera missouriensis
(Nachtkerze)
Durchmesser: 6 cm

Seite 87
Campanula
(Glockenblume)
Durchmesser: 2,5 cm

Seite 88
Cosmos
(Schmuckkörbchen)
Durchmesser: 5 cm

Seite 89
Hibiscus
(Hibiskus)
Durchmesser: 6 cm

Maße entsprechen dem »echten« Durchmesser der abgebildeten Blume.

Nachwort

»Klein, aber oho!«

Ich glaube an diese Worte, seit ich ein kleines Mädchen von 1,50 m Körpergröße war! Dasselbe gilt auch für Blumen. Nach der Betrachtung dieses Buches mag es schwierig sein, Blumen als »klein« zu betrachten, nicht nur, weil die Bilder so stark vergrößert sind, sondern auch, weil sich das Seelenleben der Blumen offenbart hat. Einige ändern sich dramatischer als andere, aber alle nehmen eine neue Gestalt an. Ich hoffe, dass der Betrachter sich, sobald er in die »echte« Welt zurückkehrt, nicht von Größe täuschen lässt, nachdem er nun die Schönheit und die Entfaltungsmöglichkeiten gesehen hat, die den kleinsten Teilen der Natur innewohnen.

J.F.G.